Wolfgang Gädeke

Warum Ehen scheitern

Wolfgang Gädeke

Warum Ehen scheitern

Grundzüge einer anthroposophischen Eheberatung

 *Verlag Urachhaus*

ISBN 3-8251-7187-6

Erschienen 1998 im Verlag Urachhaus
© 1998 Verlag Freies Geistesleben & Urachhaus GmbH,
Stuttgart
Umschlag: Walter Schneider
Druck: Offizin Chr. Scheufele, Stuttgart

Inhalt

Ursachen von Eheproblemen 7
Bereit sein, sich helfen zu lassen 13
Wie sprechen wir miteinander? 18
Das Aufarbeitungsgespräch 24
Die Ehe-Idee lieben 34
Eheführung und Ehepflege 43

Ursachen von Eheproblemen

Unter den vielfältigen Sorgen und Nöten, mit denen die Menschen heute zu ringen haben, stehen Partnerschafts- und Eheprobleme obenan. Das Zusammenleben von Mann und Frau ist offensichtlich in unserer Zeit so schwierig geworden, dass immer mehr Menschen an den Rand ihrer Möglichkeiten, ja an den Rand eines Abgrundes kommen. Nicht selten enden diese Schwierigkeiten in persönlichen und sozialen Katastrophen.

Die Ursachen für solche Schwierigkeiten und Katastrophen werden von den Betroffenen und oft auch von deren sozialem Umfeld meistens in persönlichen Fehlern und Unverträglichkeiten gesucht. Diese Suche aber führt in die Irre. Denn die Hauptursachen sind überpersönlicher Art und betreffen jeden von uns. Davon soll zunächst die Rede sein.

Eine der Hauptwurzeln für die Probleme auf diesem Feld ist die bewusste oder unbewusste Meinung, ›Ehe‹ sei etwas Natürliches, wobei hier unter Ehe jedes dauernde Zusammenleben von Mann und Frau verstanden wird. Das aber ist eine Illusion, denn Ehe geschieht nicht wie Atmen, Schlafen und Verdauen von alleine, ›von Natur aus‹. Das ist nur bei den Tieren der Fall, wo das Zusammenwirken der Geschlechter durch Instinkt geregelt ist und von alleine funktioniert. Deshalb gab es in allen menschlichen Kulturgesellschaften Ehegesetze für das Zusammenleben der Geschlechter. Wäre Ehe natürlich wie das Atmen, bräuchte sie nicht von außen durch Gebote und Verbote gesetzlich geregelt zu werden.

Mit welch ungeheurem Zwang diese Gesetze wirkten und durchgesetzt wurden, zeigen z.B. die Steinigung von Ehebrecherinnen bei den Juden oder das Gebot, das in der Bundesrepublik bis 1954 der Ehefrau die Erfüllung ihrer ›ehelichen Pflichten‹ befahl. Was dies bedeutete, mögen die Jüngeren bei den Älteren erfragen. Verhielt sie sich nicht entsprechend, konnte sie schuldig geschieden werden und verlor damit jeden Anspruch auf Unterhalt. Ehe war – je nach Kultur verschieden – wie ein fertiges Kleid, in das man nur hineinzuschlüpfen brauchte; man musste sich also nur den Sitten, Bräuchen, Geboten und Verboten fügen, dann war ein sozial gedeihliches Leben gesichert.

Wir lehnen aber heute mit Recht ab, von der Gesellschaft auf diesem Feld so bevormundet zu werden. Wir wollen selbst entscheiden und gestalten. Im gesellschaftlichen Bereich ist die Folge dieses Willens, dass der Staat sich aus der Sinngebung und Gestaltung der Ehe ganz zurückgezogen hat und sich mit dem Scheidungsrecht nach dem Zerrüttungsprinzip von 1977 auf die formale Regelung beim Scheitern einer Ehe beschränkt. Eherecht ist damit weitgehend ein Konkursrecht.

Die Konsequenz aus dieser Entwicklung wird aber kaum je gezogen. Denn wenn wir nun in der Gestaltung von Ehe ganz frei von äußeren Zwängen sind, Ehe aber nicht von Natur ›sich einstellt‹, kann sie nur selbst gestaltete, soziale Kulturform sein, wenn sie gelingen soll.

Um eine Kulturtat erbringen zu können, müssen sowohl Kenntnisse und Fähigkeiten erworben als auch Ideen und Ziele gefunden werden, nach denen dann geplant und gearbeitet werden kann unter Einsatz von Zeit und Kraft. All dies haben wir aber in Bezug auf Ehe nicht getan: Wir haben nichts gelernt, etwa über den tiefen Unterschied der Geschlechter, nicht geplant und wissen nicht einmal, wie Ehearbeit aussehen müsste. Wer heute die Ehe eingeht, läuft nicht in einen Hafen ein – wie ein altes sprachliches Bild suggeriert –, sondern gleicht dem, der auf einem alten, lecken Kahn mit zerrissenen Segeln, ohne Ruder, Kompass und Seekarte, ohne Sternkunde und Navigationskenntnisse mit wenig Proviant in See sticht und nicht einmal weiß, wohin die Reise gehen soll.

Bei einer so begonnenen Seefahrt ist jedermann klar, dass die Reisenden nicht sehr weit kommen werden. Bei Ehen jedoch wundern sich manche noch immer über das Scheitern.

Mangelnde Ausbildung, Planung und Arbeit wiegen umso schwerer, als Ehe eine der ganz wenigen Kulturtaten ist, die weder zu kaufen noch zu mieten sind. Man kann sie auch nicht delegieren. Essen, Kleidung und Behausung können wir kaufen, Dienstleistungen bis hin zum Symphoniekonzert können wir für Geld in Anspruch nehmen. Nur die

Ehe müssen Frau und Mann von Grund auf selber ›machen‹, schaffen, herstellen.

Dazu muss auch noch jeder mit dem anderen einig sein, wie die Kulturtat Ehe aussehen soll. Man stelle sich zwei Tischler vor, die ein Möbelstück bauen wollen und nicht genau vorher verabreden, ob es ein Schrank oder ein Tisch werden soll, wie er nach genauer Planzeichnung aussehen soll und wer wann welche Arbeit übernimmt. Das kann nur misslingen. Oder dasselbe, wenn zwei Menschen einen Garten anlegen und pflegen, ohne sich genau zu verständigen: Bald wird der eine ausjäten, was der andere gerade gepflanzt hat.

Weil wir uns bei der Ehe genauso verhalten, muss sie heute in der Regel scheitern, d.h. die Dauer des Zusammenlebens ist begrenzt, statistisch gesagt: Das Alter der Ehe bei der Scheidung sinkt – ganz abgesehen von dem stillschweigenden Auseinandergehen von Paaren, die nicht rechtlich getraut waren.

Ehe muss also heute scheitern. Deswegen sind Eheprobleme nicht mehr ehrenrührig, denn sie sind das Normale, überall Vorkommende. Sie sind deswegen aber noch lange nicht gesund. Denn sie bereiten Schmerzen – wie eine Krankheit – oder behindern das Leben auf andere Weise – wie eine Krankheit.

Eine weitere Ursache für das Scheitern so vieler Ehen ist folgende: In der Vergangenheit hatte Ehe einen sehr praktischen, handfesten Sinn: Sie war eine Wirtschaftsgemeinschaft, ohne die das Überleben unmöglich gewesen wäre. Man denke an bäuerliche Familienbetriebe oder an kleine Handwerkerfirmen:

Ohne die Bäuerin oder die Meisterin wäre der Betrieb nicht existenzfähig. – Und Ehe war Sozialgemeinschaft, d.h. Rentenversicherung, Arbeitslosenversicherung und Invalidenversicherung in einem. Seit es eine allgemeine Sozialversicherung gibt, entfällt dieses starke, sinnstiftende Ziel. – Und Ehe war Fortpflanzungsgemeinschaft – nicht nur bei Fürsten, um Erben zu haben. Auch dieser Sinn ist heute fragwürdig geworden, hat jedenfalls seine ehebegründende und -tragende Kraft verloren.

Statt dieser sehr zweckorientierten Sinngebungen der Ehe in der Vergangenheit ist heute das zentrale Motiv zur Ehe das Streben nach persönlichem Glück und nach Zufriedenheit. Der moderne Mensch, der in der Arbeit und in den Vergnügungen unserer unpersönlich gewordenen Zivilisation keine wirkliche Erfüllung mehr findet und seine Glückserwartung nicht mehr an religiöse Zukunftsvorstellungen binden kann, erwartet nun die Erfüllung all seiner Hoffnungen auf Glück, Frieden und Zufriedenheit von Ehe und Partnerschaft, die von diesen Erwartungen hoffnungslos überfrachtet sind.

Es gibt Dinge, die verfehlt man im Leben umso sicherer, je direkter man sie anstrebt. Dazu gehört z.B. Gesundheit. Wer immerzu darauf achtet, was ihr nützt oder schadet, und ständig mit seinem Bewusstsein um den eigenen Gesundheitszustand kreist, der wird sicher immer kränklicher werden. So ist es auch mit dem Glück: Wer es direkt als Lebensziel anstrebt, wird es verfehlen, wird mit Sicherheit unzufrieden werden. Glück und Zufriedenheit können nur die positive Nebenwirkung geleisteter Anstrengungen sein. In diesem Sinne kann eheliches Glück nur das Nebenergebnis geleisteter Ehe-Arbeit sein. Wir haben aber diese Gesinnung nicht gelernt, dass Ehe Arbeit, ja ein Beruf ist.

Es gibt noch viele andere überpersönliche Gründe für das Scheitern von Ehe, wie z.B. die Verwechslung von Liebe und Verliebtheit, von Liebe und Sexualität; das neue Verständnis der Frau als gleichberechtigte, souveräne Person; das Schwinden gemeinschaftsbildender Kräfte.

Aber das bisher Betrachtete soll genügen, um uns jetzt der Überwindung von Eheproblemen mit Hilfe von Eheberatung zuzuwenden.

Bereit sein, sich helfen zu lassen

Wir haben im ersten Kapitel zu verstehen versucht, warum es heute so schwer ist, Ehe zu leben als dauernde partnerschaftliche Lebensgemeinschaft von Mann und Frau.

Da aber offensichtlich das Bedürfnis nach dauerndem Zusammenleben – vielleicht bei Mann und Frau unterschiedlich stark – vorhanden ist, entsteht die Frage, wie in dieser Situation geholfen werden kann.

70 Prozent aller Scheidungen werden von Frauen eingereicht. Das heißt, sie sind viel unzufriedener mit den bestehenden Eheverhältnissen als Männer, haben größere, weitergehende Erwartungen als diese. Außerdem nehmen sie Störendes oder Fehlendes im Eheleben eher und stärker wahr als Männer. Diese sind leichter zufrieden, wenn nur einige Grundbedürfnisse in der Ehe befriedigt werden. Sie ›bilanzieren‹ bewusst oder unbewusst, gedanklich oder gefühlsmäßig den Wert ihrer Ehe. Und wenn das Positive überwiegt, dann ist für sie die Ehe im Ganzen positiv. – Nicht so bei Frauen. Sie bilanzieren nicht. Wenn in der Ehe vieles positiv ist, so verschwinden die negativen Aspekte dahinter nicht, sie werden nicht aufgewogen oder gar aufgehoben. Sie bleiben als Stein des Anstoßes und als Impuls zur Veränderung bestehen.

Deswegen drängen Frauen im Allgemeinen stärker auf Veränderungen in der Ehe und sind auch eher bereit, die Hilfe Dritter, beispielsweise im seelsorgerlichen Gespräch mit einem Pfarrer oder bei einem Eheberater, zu suchen und anzunehmen. Das fällt Männern schwerer, weil in ihnen leichter das Gefühl aufsteigt, versagt zu haben, und weil es ihnen nicht leicht fällt, ihre persönlichen und seelischen Dinge anderen anzuvertrauen. Sie verschließen ihre Probleme eher in sich.

So kann es geschehen, dass die ungelösten Probleme im Laufe der Zeit immer gravierender werden und Hilfe oft erst gesucht wird, wenn die Schmerzen und Belastungen zu gesundheitlichen Beeinträchtigungen geführt haben, wenn es schließlich zu Hass oder Gewaltausbrüchen gekommen ist oder wenn einer von beiden sich in einen neuen Partner verliebt hat. So wird erst dann ein Außenstehender um Rat gefragt, wenn die Scheidung nahe ist oder einem der Partner unausweichlich erscheint, wenn kaum noch Hoffnung für die Ehe besteht.

Das ist vergleichbar einer Blinddarmentzündung, wenn der Patient nicht gleich beim Auftreten der ersten Schmerzen im Unterbauch zum Arzt geht, sondern erst, wenn der Blinddarm durchgebrochen ist und der Eiter sich in der Bauchhöhle ausgebreitet hat. Dann kann mit einer schnellen Operation und nachfolgender Intensiv-Behandlung versucht werden, das Leben des Patienten zu retten – allerdings nicht selten vergeblich.

Deswegen eine erste Empfehlung: Man sollte schon dann eine Eheberatung aufsuchen, wenn einer von beiden Partnern (meistens die Frau) das Gefühl hat, dass die Bemühungen des einzelnen oder beider Partner nicht wirklich zur Verbesserung der Gemeinsamkeit führen. Dem Wunsch nach Beratung sollte der andere Partner entsprechen, auch wenn er selbst das Gefühl hat, eine solche sei unnötig. Er kann mit diesem Entgegenkommen seinem Partner zeigen, dass er ihn liebt, dass er etwas um seinetwillen zu tun bereit ist. Allerdings muss der Mann die größere ›Kulturleistung‹ erbringen als die Frau, wenn er um Hilfe bittet, und das sollte seine Frau auch deutlich anerkennen können.

Die Bereitschaft, eine Eheberatung aufzusuchen, wird aber oft behindert von dem Gedanken, dass man ja doch allein mit den Problemen fertig werden müsse und deshalb eine Hilfe von dritter Seite nicht möglich sei. Das ist aber fast immer eine subtile Ausrede, die nur den Anschein von Wahrheit besitzt. Denn selbstverständlich muss ein Paar letztlich seine Probleme selber lösen. Aber das schließt Rat und Hilfe nicht aus. Gerade durch Eheberatung kann man lernen, wie und wo man mit der Selbsthilfe ansetzen kann und was man besser unterlassen sollte. Tatsächlich kann man sich nicht die eigene Ehe führen lassen. Aber man muss auch nicht auf dem Felde der Ehe das Rad neu erfinden wollen.

Ein wesentliches Hindernis auf dem Weg zur Eheberatung ist die Scheu, ›persönliche‹ Probleme vor einem Dritten, einem womöglich gänzlich unbekannten Menschen auszubreiten. Man möchte ja auch keine ›schmutzige Wäsche‹ waschen.

Demgegenüber kann nur versichert werden: Es gibt fast keine ›persönlichen‹ Probleme in dem Sinne, dass diese ›individuell‹ seien, also im Individuum ihren Ursprung haben. Ehe hat eben sehr viel mit Gattung zu tun, und deswegen treten nicht nur die allgemeinen Zeitprobleme (wie im ersten Kapitel geschildert), sondern auch die Gattungsprobleme zwischen Mann und Frau in der Ehe ganz deutlich in Erscheinung. ›Persönlich‹ sind diese Probleme also nicht in ihrer Ursache, ihrem Ursprung; allerdings sind sie es umso mehr in dem Sinne, als sie nur persönlich, d.h. durch die Bemühung des Individuums gelöst werden können.

Ein erfahrener Eheberater kennt ungefähr 90 Prozent aller Probleme des Paares, das vor ihm sitzt, bevor auch nur ein Satz von einem der beiden gesprochen wurde. Wahrscheinlich hat das Paar nicht alle Probleme, die der Eheberater kennt. Aber fast alle, die das Paar hat, kennt er. Denn es ist sehr schwer, in der Ehe originelle, individuelle Fehler zu machen!

Man kann auch sagen, im Vergleich mit dem Arzt hat es der Eheberater relativ leicht, denn es gibt nicht Tausende von verschiedenen Krankheiten wie in der Medizin, die man eventuell mühsam diagnostizieren muss; sondern es gibt im Grunde nur die eine ›Ehekrankheit‹, die bei allen gleich – nur mit leichten Variationen – auftritt.

Schwieriger hingegen ist es bei der Therapie, denn es gibt keine ›Arznei‹, die man einfach nur regelmäßig einnehmen muss. Viel stärker als in der Medizin kommt es in der Ehetherapie auf die Aktivität und Arbeit der Betroffenen an. Man kann sich nicht die Ehe gesund ›machen lassen‹.

Und es gibt auch einiges, was eine Eheberatung unmöglich bzw. unfruchtbar macht, weil durch andere Probleme die Fähigkeit nicht gegeben ist, an der Ehe zu arbeiten. Dazu gehören: Drogenkonsum, regelmäßiger Alkoholgenuss, regelmäßig auftretende Gewalttätigkeit und meistens auch sexueller Missbrauch in der Kindheit sowie psychische Erkrankungen. In solchen Fällen muss zuerst eine spezifische Therapie gesucht werden, damit die zur Eheführung notwendige individuelle Schöpferkraft wieder freigesetzt wird.

Man sollte aber besonders mit der Feststellung »Mein Partner ist psychisch krank« sehr vorsichtig sein. Als Betroffener ist man in jedem Falle befangen und sollte die Diagnose dem Berater bzw. dem Arzt überlassen. Sonst kann ›psychische Erkrankung‹ leicht zu einem Kampfbegriff oder zu einer billigen Entschuldigung werden.

Im nächsten Kapitel soll einiges von dem dargestellt werden, was zur Heilung der Ehekrankheit beitragen kann.

Wie sprechen wir miteinander?

Eines der Grundprobleme, die fast immer vorliegen, wenn überhaupt Schwierigkeiten in der Ehe auftreten, ist eine mangelhafte Kommunikation der Eheleute über das gesprochene Wort.

Während in der Phase der Verliebtheit fast alle Paare kaum Probleme haben, sich über die Sprache nicht nur zu verständigen, sondern auch seelisch zu begegnen und zu berühren, geht diese Fähigkeit mit dem Schwinden der Verliebtheit immer mehr verloren. Man könnte geradezu die Verliebtheit definieren als den Zustand, in dem der sonst schweigsamste Mann keine Schwierigkeiten hat, seine Seele im Wort zu öffnen und mitzuteilen. »Wem das Herz voll ist, dem geht der Mund über«, sagt die Bibel.

Nun hat es der Mann im Allgemeinen schwerer, seinen Seeleninhalt – sofern er sich nicht auf einen objektiven Tatbestand außerhalb seiner selbst bezieht – anderen Menschen gegenüber auszusprechen. Er verschließt seine persönlichen Empfindungen lieber in sich selbst, erklärt sie vor sich und anderen leicht als ›nicht so wichtig‹ und hat nicht das Bedürfnis, ›alles‹, was in seiner Seele lebt, auch auszusprechen.

Wenn er spricht, so benutzt er die Sprache als Mittel zur Informationsübermittlung, zur Verabredung mit anderen, zur Problemlösung oder als Macht- und

Herrschaftsmittel. Wenn z.B. seine Frau sagt: »Du, ich spüre einen Schmerz im Oberbauch, wie ich ihn noch nie hatte«, so kann es leicht passieren, dass er antwortet: »Nimm doch eine Tablette« oder »Da solltest du lieber zum Arzt gehen«. Das sind typische Sätze mit Problemlösungsvorschlägen. Aber das Verhältnis zu seiner Frau wird er damit nicht verbessern – im Gegenteil. Sie weiß nämlich auch, dass sie eine Tablette nehmen oder zum Arzt gehen kann. Ihre Absicht mit dem Satz ist nicht, eine Frage zu stellen, was sie machen soll, sondern der Beginn einer seelischen Kontaktaufnahme. Denn Frauen benutzen Sprache vorwiegend ganz anders als Männer, nämlich als Mittel zur Herstellung seelischer Beziehung und Nähe.[1]

Um die Beziehung zu verbessern, müsste der Mann fragend auf seine Frau eingehen und z.B. sagen: »Wo genau tut es dir denn weh? Wie ist der Schmerz, stechend, ziehend oder druckartig? Seit wann spürst du ihn denn?« usw. Und wenn er sogar Worte des Mitgefühls, des Bedauerns findet, die auch von seinem Gefühl erfüllt sind, dann entsteht seelische Nähe und Verbundenheit. Seine Frau fühlt sich verstanden und angenommen.

Oder wenn eine Frau ihren Mann fragt: »Liebst du mich?« Und er antwortet: »Das weißt du doch, ich habe es dir gestern erst gesagt« –, dann wird ganz deutlich: Er sieht das Wort nur als Informationsträger, und dann ist es überflüssig, einen Inhalt nach kurzer Zeit zu wiederholen. Sie aber möchte die Seelengeste wieder erleben, die mit dem Wort verbunden war, und mit ihr auch noch einmal die seelische Nähe und Berührung.

Man braucht nur einmal zu beobachten, was geschieht, wenn zwei Ehepaare zusammen einen Spaziergang machen, und darauf achten, worüber sie sich unterhalten. Die Männer reden über Autos, Sport, ihre Berufe, über Politik – kurz: über ›Objektives‹, sehr selten über ihre Gefühle und Befindlichkeiten. Die Frauen sprechen über Beziehungen, Kinder, Personen, Mode, ihre Gefühle etc., d.h. über mehr ›Persönliches‹. Und wenn sie sich sympathisch sind, können sie sich auch in Kürze über intimste Seelenangelegenheiten austauschen, die Männer nicht einmal mit ihren besten Freunden besprechen würden.

Natürlich gibt es auch Männer, die ›ihr Herz auf der Zunge tragen‹, die über sich und ihre Gefühle sprechen können, die Mitgefühl zeigen können etc. Solche Männer sind bei Frauen sehr beliebt, können sich dann aber manchmal vor deren Sympathie kaum retten. Heiratsschwindler benutzen solche Fähigkeiten, um sich bei Frauen Vertrauen zu erwerben und sie dann auszunutzen. Selbst kulturell hochstehende und intelligente Frauen fallen auf sie herein, weil sie sich im Grundbedürfnis der weiblichen Seele getroffen fühlen – dem nach seelischer Nähe und Berührung durch die Sprache.

Man kann nun sagen: Wer mit einer Frau dauernd zusammenleben will, der muss als Mann dieser Tatsache gerecht werden. Nicht nur, weil sonst ein Grundbedürfnis der Frau unbefriedigt bleibt und dadurch allmählich Entfremdung entsteht, sondern weil das ständig neue Wahrnehmen und Erleben der Seele des anderen Menschen durch das Wort eine Grundbedingung der Liebe ist.[2] Wenn aber das seelenerfüllte Wort zwischen den Partnern verstummt, erstirbt allmählich die Liebe.

Es lässt sich auch anders ausdrücken: Wenn nicht immerfort seelische Begegnung durch das Wort gesucht und gefunden wird, wenn sich die Partner nicht jeden Tag aufs Neue über die Sprache ins Herz schauen und schauen lassen, gerät der Blutstrom der Beziehung ins Stocken.

Eine Steigerung erfährt das Problem meistens dadurch, dass trotz des geringer bis minimal werdenden Austausches der Seelen – das bundesdeutsche Durchschnitts-Ehepaar spricht acht Minuten täglich miteinander – die geschlechtliche Beziehung, wenn auch vermindert, aufrechterhalten wird. Dann entsteht für die Frau ein zusätzliches Problem. Während die männliche Sexualität auch ohne seelische Nähe ›funktioniert‹ (siehe z.B. das Phänomen der Prostitution), ist für eine Frau Sexualität ohne seelische Nähe und Vertrautheit meistens unzumutbar bis unmöglich. Und da in vielen Ehen Sexualität weiter praktiziert wird, ohne dass die seelische Beziehung genügend gepflegt wird, entsteht eine Diskrepanz zwischen der seelischen und der leiblichen Ebene. Auf dieser bleibt das Höchstmaß an Nähe und Intimität, auf jener entsteht Distanz und Entfremdung. Und diese Diskrepanz erlebt die Frau stärker als der Mann.

Jeden Tag, möglichst zur gleichen Zeit, setzen sich die Partner – natürlich ohne Kinder – zusammen und sprechen 15 bis 20 Minuten miteinander. Inhalt des Gespräches sollen keine Verabredungen sein, keine Probleme der Beziehung und keine grundsätzlichen und geistigen Fragen (z.B. Erziehung, Sinnfragen, religiöse und Weltanschauungsfragen). Jeder der Partner spricht fünf bis sieben Minuten etwas aus, was er erlebt hat (Natur, Kultur, Beruf, Kinder, Träume, Erinnerungen) und was ihn bewegt, seine Seele erfüllt – unabhängig davon, wie ›wichtig‹ es ist, also ohne Bewertung. Motto für solche Inhalte kann der Titel von Carl Zuckmayers Autobiografie sein: ›Als wär's ein Stück von mir‹. Der andere Partner hört nur hingebungsvoll zu und tut nichts anderes nebenher. Nach fünf bis sieben Minuten wechselt der Sprecher. Es gibt keine Kommentare, keine Antworten, höchstens Verständnisfragen, damit man sich als Hörer nichts Falsches vorstellt.

Ein solches Gespräch fällt der Frau leichter, weil sie sowieso das Bedürfnis hat, Sprache zur Herstellung seelischer Nähe zu benutzen.[3]

Männer müssen sich oft erst überwinden, weil es ihnen schwer fällt, Sprache so zu verwenden. Außerdem erscheint diese Übung des Seelengespräches den Partnern oft als künstlich, eventuell sogar als komisch. Das ist sie auch – wie jede Übung. Man höre nur einem Pianisten zu, der seine Tonleitern übt. Oder man sehe einem Sportler zu, der einzelne Muskelgruppen trainiert. Das erste ist nicht Kunst, das zweite nicht Sport. Beides ist künstlich bis komisch und doch notwendig, damit Kunst, bzw. Sport daraus werden kann. So ist das Seelengespräch eine Vorübung in der Kunst der Eheführung, die zunächst abgesondert geübt werden muss, damit sie später selbstverständliches Lebenselement werden kann.

Wichtig ist nun die Frage, wie man in der Zeit, in der man das Seelengespräch übt, mit den weiter bestehenden oder in diesem Gespräch selbst auftauchenden Partnerproblemen umgehen sollte. Am besten ist es, man führt zunächst überhaupt keine Problemgespräche zu zweit, denn dazu ist man im Allgemeinen gar nicht in der Lage. Die Probleme werden meistens nur größer und nicht kleiner.

Es ist zwar schwer, sich das einzugestehen, aber man sollte Probleme eine Zeit lang nur zu dritt, d.h. mit einem Eheberater besprechen, denn man ist in einer schwierigen Ehesituation in hohem Maße befangen, kann oft einfachste Kompromisse oder Lösungsmöglichkeiten nicht mehr sehen.

Das Seelengespräch bildet ein Fundament, auf dem neues Verständnis und neues Vertrauen sich bilden können. Und wer es über einen Monat hin wirklich täglich übt, der wird schon die positiven Wirkungen wahrnehmen.

Aber manchmal ist die Ehe so krank, dass man nicht einmal mit dem Seelengespräch beginnen kann. Dann ist eine Aufarbeitung der Vergangenheit notwendig. Wie diese geschehen kann, soll im folgenden Kapitel beschrieben werden.

Das Aufarbeitungsgespräch

Wir haben bereits diejenigen Probleme benannt, die eine Eheberatung zunächst unmöglich machen, wie Drogenkonsum, regelmäßiger Alkoholgenuss, Gewalttätigkeit und sexueller Missbrauch in der Kindheit. In solchen Fällen muss eine spezifische Therapie der Eheberatung vorangehen, weil die Fähigkeit zu freiem autonomem Lernen und Handeln erst bzw. wieder errungen werden muss.

Es gibt aber auch Situationen, in denen die Eheberatung nicht einfach eine ergebnisorientierte, zukunftsgerichtete sein kann, bei der es sich darum handelt, den Eheleuten, die zur Fortsetzung der Ehe bereit sind, nur zu helfen, wie sie ihre Beziehung gestalten und pflegen können, sondern wo eine tiefere Störung der Beziehung, Zweifel am Sinn der Ehe, eine Liebesbeziehung zu einem Dritten oder schon der Wunsch nach Trennung besteht.

Oftmals liegen die Verhältnisse so, dass der eine Partner eigentlich die Trennung will und der andere nicht. Es kommt auch vor, dass ein Partner schon die Scheidung eingereicht hat und doch um des anderen willen bereit ist, noch mal einen Gesprächsversuch zu machen. Es kommt nun darauf an, im ersten oder zweiten, spätestens im dritten Gespräch den Grad der Zerrüttung der Ehe so klar zu erkennen, dass man es nicht mit allerlei Ratschlägen zur Eheführung versucht, sondern eine gründliche Aufarbeitung der Beziehungsvergangenheit beginnt. Man kann das Maß der Zerrüttung nicht nur aus den Schilderungen der Betroffenen entnehmen, wenn sie von mangelndem Gespräch, Gefühllosigkeit, Entfremdung, gegenseitigen Verletzungen, Enttäuschungen etc. berichten, sondern man kann auch an ihrem Verhalten ablesen, wie krank die Ehe ist. Wenn ein Partner beim Sprechen des anderen nicht ruhig zuhören kann, bei manchen Worten, Stimmungsnuancen und Satzwendungen emotional wird, das Reden des anderen kaum ertragen kann etc.; wenn einer von beiden keinen vollständigen Satz herausbringt oder trotzig schweigt, auch auf Ermunterung des Beraters nicht reagiert; wenn die Partner sich nicht gegenseitig anschauen können und vieles andere mehr: Dann muss die Vergangenheit aufgearbeitet werden.

Dazu ist zunächst einmal nötig, dass beide Partner das auch wollen. Das ist oft nicht leicht zu erreichen, weil der Partner, der eigentlich schon das Ende der Beziehung will, kein vitales Interesse mehr an der gemeinsamen Vergangenheit hat. Er will sie hinter sich lassen, keine ›schmutzige Wäsche waschen‹ und sich vielleicht auch nicht an seinen Anteil am Scheitern der Ehe erinnern lassen, weil er sich wohler fühlt bei dem Gedanken, dass ja sowieso der andere die Hauptschuld an der Misere hat. Und wenn er das Gefühl hat, er selbst sei die Hauptursache des Konfliktes, kann es ihm unerträglich erscheinen, das vor seinem Ehepartner und auch noch vor dem Berater einzugestehen.

In einer solchen Situation ist es notwendig, erst einmal zu klären, dass es nicht um (anteilige) Schuldzuweisung gehen kann, sondern um Ursachen-Erkenntnis. Dazu die Frage: Warum sind wir jetzt an einem Punkt, an den keiner von uns hinwollte, als wir uns zusammentaten? Jeder ist sich sicher, dass er nur das Beste gewollt hat. Aber der andere hat ... So ist zunächst in dieser Lage das Urteil der beiden Partner über die Ursachen der Zerrüttung ganz verschieden, obwohl die Lebenstatsachen dieselben sind. ›Tatsachenwelt‹ und ›Bedeutungswelt‹[4] fallen weit auseinander.

Nun ist es für den weiteren Prozess eine wichtige Frage, ob beide Partner einen Wert, ein Ziel darin sehen können, zu einem gemeinsamen Bewusstsein und Urteil über ihre gemeinsame Vergangenheit zu kommen. Für den Partner, der eigentlich schon die Beziehung aufgegeben hat, kann es eine Hilfe sein, wenn man ihm einsichtig machen kann, dass er ohne eine solche Aufarbeitung leicht in die Gefahr gerät, auch bei einer neuen Beziehung die gleichen Fehler wieder zu machen wie bei der ersten, weil er ohne eine gemeinsame und dadurch objektive Betrachtung der vergangenen Beziehung gar nicht alle Fehler erkennen kann, die er gemacht hat. Für manchen kann auch der Gedanke hilfreich sein, dass man durch eine solche Aufarbeitung nicht nur sein Leben und sich selbst besser verstehen lernen kann, sondern dass sich auch das Verständnis des anderen auf diese Weise vertiefen kann, dass man zu größerer Klarheit im eigenen Schicksal, zu Vergebung und Verzeihung kommen, ja sogar ein Stück nachtodlichen Lebens vorwegnehmen kann.

Voraussetzung einer solchen Ehe-Aufarbeitung kann also weder sein: Die Ehe muss auf jeden Fall wiederhergestellt werden, noch: Die Ehe wird auf gar keinen Fall wieder neu begründet. Auch wenn die gegensätzliche Interessenlage der Partner dem entspricht, hat eine solche Aufarbeitung nur Sinn, wenn diese Interessen so lange zurückgestellt werden, wie die Gespräche zur Aufarbeitung dauern, und beide Partner in der Aufarbeitung selbst einen Wert sehen.

Da solche Aufarbeitungsgespräche länger dauern (fünf bis fünfzehn Gespräche etwa), je nachdem wie gut die Partner mitarbeiten können, müssen Verabredungen getroffen werden, wie das Leben inzwischen erträglich weitergehen kann, d.h. es muss erst ein ›Waffenstillstand‹ ausgehandelt werden, um das Aufkommen neuer Verletzungen möglichst zu verhindern. Dazu können Haupt-Streitpunkte benannt und Kompromisse erarbeitet werden. Es geht dabei nicht um dauerhafte Lösungen, sondern um vorläufige Vereinbarungen. Es kann z.B. hilfreich sein, wenn ein Partner aus dem ehelichen Schlafzimmer auszieht (wenn das nicht längst geschehen ist) oder sonst ein leichtes räumliches Auseinanderrücken stattfindet. Es geht dabei um Vermeidung neuer Konfrontationen. Auch sollte sich das Paar bemühen, in dieser Zeit jegliches Problemgespräch und jeden verbalen Konflikt zu vermeiden und auftretende Probleme lieber nur gemeinsam mit dem Eheberater beim nächsten Gesprächstermin erörtern. Denn zu konstruktiven Gesprächen, die zu Problemlösungen führen, sind die Partner meist nicht in der Lage; sie verschlimmern vielmehr ihre Situation leicht mit vergeblichen Gesprächsversuchen zu zweit. In diesem Bereich muss man viel Phantasie aufbringen, um in der jeweiligen Situation individuelle Kompromisse zu erreichen. Eventuell müssen diese ›Waffenstillstandsverhandlungen‹ bei mehreren Gesprächen wiederholt, neue Kompromisse und Konfliktvermeidungsstrategien gefunden werden.

Wenn dann die eigentliche Aufarbeitung beginnen kann, so hat es keinen Sinn, wie in einer Tagesrückschau mit dem gegenwärtigen Augenblick anzufangen und dann Schritt für Schritt in der Erinnerung zurückzugehen. Wegen der emotionalen Belastung der Gegenwart muss in der Vergangenheit begonnen und der gemeinsame Lebenslauf ›von Anfang an‹ nachvollzogen werden.

Dazu schildern beide Partner kurz ihren Lebenslauf bis zu ihrem Kennenlernen. Ausführlich schildert dann der eine die Begegnung, das Kennenlernen und die Entstehung der gegenseitigen Liebe. Zunächst nur die Tatsachen, dann auch, was es ihm bedeutet hat. Dann ergänzt oder korrigiert der andere die Tatsachen und berichtet über seine Gefühle und Emotionen in dieser ersten gemeinsamen Zeit.

Oftmals sind für die Betroffenen noch keine Probleme zu erkennen, weil es im Allgemeinen ja schön war in dieser ersten Zeit. Meistens gibt es aber eine Anzahl von Tatsachen, die schon die Keime und An-

fänge von Problemen darstellen, obwohl sie als solche den Partnern gar nicht bewusst sind. Dazu können gehören:
- Die Partner haben, als sie anfingen zusammenzuleben, keine konkreten Ideen, Vorstellungen und Pläne entwickelt, wie und vor allem warum sie auf Dauer zusammenleben wollen. Sie haben die Voraussetzungen und Ziele ihres Tuns nicht gedanklich und verbal geklärt. Das muss notwendigerweise bei einer so schwierigen Kulturtat, wie es die Ehe ist, zu Problemen führen.
- Die Partner haben für ihr Zusammenleben weder Kenntnisse noch Fähigkeiten erworben, wie es bei jeder anderen Kulturtat und bei jedem anderen Beruf notwendig und selbstverständlich ist.
- Die Frau hat oftmals im Alter zwischen 18 und 25 Jahren vor ihrer Bindung an den Mann ihre Selbstständigkeit nicht genügend entwickelt durch eine Ausbildung und Berufstätigkeit und durch Alleinleben. Das äußert sich meistens zwischen 28 und 33 Jahren in einem heftigen ›Freiheitsdrang‹, der dann, z.B. wenn inzwischen Kinder da sind, zu großen Schwierigkeiten führen kann.
- Die Beziehung ist in den meisten Fällen am Anfang durch eine starke Asymmetrie gekennzeichnet: Leiblich sind die Partner durch die sexuelle Beziehung hundertprozentig verbunden (denn eine vollständigere leibliche Verbindung als die sexuelle gibt es nicht), aber seelisch-geistig erreicht die Beziehung nie 100 Prozent. Der Entschluss zum lebenslangen Zusammenleben wäre z.B. wie 100

Prozent, denn einen weiterreichenden Entschluss kann man nicht fassen. Diese Asymmetrie zwischen leiblicher und seelischer Bindung findet sich bei fast allen Paaren, wird subjektiv nur selten als Problem erlebt (und wenn, dann fast nur von der Frau), ist aber doch objektiv die Quelle von manchen sich erst später zeigenden Schwierigkeiten.

Der Berater kann also nach der Schilderung der Begegnung der Partner auf solche ›objektiven‹ Problemquellen aufmerksam machen. Das hat deshalb einen Wert für das Paar, weil an diesen Beispielen leicht zu erkennen ist, dass Probleme nicht aus Fehlverhalten, schlechten Charaktereigenschaften oder gar aus bösem Willen entstehen müssen, dass sie nicht dem anderen Partner als dessen ›Schuld‹ zuzurechnen sind, sondern dass beide Partner durch Unkenntnis und unbewusste Unterlassungen ›unschuldig schuldig‹ geworden sind. Sie tragen keine Schuld in dem Sinne, dass sie wider besseres Wissen gehandelt haben, sondern sie sind einander etwas ›schuldig‹ geblieben, wovon sie aber kein Bewusstsein hatten, was aber dennoch seine notwendigen Auswirkungen hat.

Je mehr den Partnern der objektive Ursprung und Charakter ihrer Schwierigkeiten einsichtig werden kann, desto mehr schwindet die Haltung des gegenseitigen Vorwurfes und desto mehr wird die emotionale Belastung abgebaut. Anstelle von Unwille, Vorwurf und Hass tritt Verständnis, das Gefühl für unvermeidbare Tragik, ja ein befreiendes Gefühl auf.

Das steigert sich nun noch im Verlauf der eigentlichen Aufarbeitung. Dazu müssen die Partner der Reihe nach alle Situationen und Ereignisse darstellen, an denen sie in der Erinnerung anstoßen, in dem Sinne: Wodurch habe ich mich unverstanden, verletzt, gedemütigt gefühlt? Was hat mich irritiert, enttäuscht, befremdet? Was ist nie geklärt, verarbeitet, verziehen worden?

Die Aufarbeitung vollzieht sich in vier Stufen:
1. Ein Partner beginnt mit der Schilderung des betreffenden Ereignisses, wie er sich daran erinnert. Der andere Partner ergänzt oder korrigiert die Schilderung. Die Tatsachen sollen so gut und deutlich wie möglich geschildert werden, noch ohne Wertung. Lassen sich die Tatsachen nicht mehr feststellen, steht eventuell sogar Aussage gegen Aussage, so lässt man das zunächst auf sich beruhen (obwohl meistens derjenige Partner die genauere Erinnerung hat, der unter dem Ereignis mehr gelitten hat).
2. In einem zweiten Durchgang schildern die Partner die innere Seite des Erlebnisses: Was hat es für mich bedeutet, was hatte ich für Gefühle dabei und danach? Wie bin ich damit umgegangen? Es kommt auf dieser Stufe darauf an, dass die Partner diese ›Bedeutungswelt‹ des anderen – und sei sie noch so subjektiv – ganz objektiv und ernst nehmen und versuchen nachzuempfinden, was sie durch ihr Verhalten und Tun im anderen ausgelöst haben. Damit wird ein wenig die Haltung freiwillig eingenommen, die wir im nachtodlichen Le-

ben notwendigerweise haben, wenn wir fühlen, was unsere Taten in anderen Wesen bewirkt haben.

3. Sind alle Tatsachen und Bedeutungen ausgesprochen, so kann der Berater versuchen, das gegenseitige Verständnis für das Verhalten und Betroffensein der Partner zu fördern, indem er z.B. objektive Ursachen in den Unterschieden von Mann und Frau, in den Zeitschicksalen, in der Menschennatur allgemein darstellt, die zu den besprochenen Problemen führen. Diese Stufe muss sehr individuell und verschieden behandelt werden. Das Ziel ist, ein Verständnis für das Entstehen und den Verlauf von Schwierigkeiten zu ermöglichen und aus dem durchlebten Leid die Erkenntnisse zu entbinden, wegen deren Mangel es überhaupt entstanden ist. Denn nichts ist schwerer zu ertragen als unverstandenes Leiden. Und wenn es verstanden wird, wird es auch schon leise verwandelt.

Die meisten Schwierigkeiten beruhen auf unbewussten Unterlassungen, und der ›Mist‹, den man ›gebaut‹ hat, stinkt nur so lange, bis er kompostiert, das heißt durch Erkenntnis und Verständnis verwandelt wird. Dann kann er sogar zu einer guten Grundlage für das weitere Leben werden.

4. Wenn alles den Beteiligten Mögliche aus den Schwierigkeiten gelernt ist, dann kann der Berater das Vergangene ›ins Rechte denken‹, d.h. er kann schildern, was hätte geschehen und getan werden müssen, wenn die Schwierigkeiten hätten

vermieden werden sollen. Dabei wird ganz deutlich, dass die Schwierigkeiten notwendig waren, dass sie von den Beteiligten in ihrer damaligen Situation nicht vermieden werden konnten. Nehmen wir als Beispiel, dass der Berater sagt: Sie hätten vor Ihrem Zusammenleben Ihre Ehe planen müssen, wenn Sie diese Schwierigkeiten hätten vermeiden wollen; Sie hätten eine Eheschule besuchen und sich beraten lassen müssen, ob Sie eigentlich ehefähig waren. – Selbst wenn dem Paar das damals jemand gesagt hätte, so hätten sie es zu jener Zeit ganz gewiss nicht getan, obwohl sie jetzt vielleicht einsehen können, dass damit viele Schwierigkeiten vermieden worden wären.

Diese Stufe ist nicht der vergebliche Versuch, die Vergangenheit zu ändern, sondern ihr Sinn liegt darin, das vergangene Schicksal als notwendig empfinden und anerkennen zu lernen. Und nur auf dieser Anerkennung können Schritte zu einer freieren Zukunftsgestaltung des eigenen Lebens getan werden.

Die Ehe-Idee lieben

Wenn eine gemeinsame Aufarbeitung der Ehebiographie, wie sie im letzten Kapitel umrissartig beschrieben worden ist, einigermaßen oder gut gelungen ist, dann ist das Verständnis füreinander und für die entstandenen Probleme gewachsen, Vorwürfe und Unterstellungen sind abgebaut. Und wenn es ganz gut gegangen ist, dann kann ein gegenseitiges Verzeihen möglich werden und ein Gefühl von Einklang mit dem eigenen Schicksal entstehen.

Nun muss natürlich die bis dahin oft unter Schmerzen zurückgehaltene Frage wieder zugelassen werden: Wie geht es denn weiter? Diese Frage ist besonders belastet, wenn einer der Partner eine neue Beziehung eingegangen ist und sie auch nicht gleich aufgeben kann oder will. Aber auch wenn dies nicht der Fall ist, kann diese Frage nicht sogleich beantwortet werden. Es gilt vielmehr zunächst den Freiheitsmoment zu nutzen, der durch eine gelungene Aufarbeitung entsteht.

Die Partner bekommen nun die ›Hausaufgabe‹, bis zum nächsten Gespräch ihre Bedürfnisse und Wünsche an einen Lebenspartner jeder für sich selbst schriftlich darzustellen, und zwar ohne direkten Bezug auf den tatsächlichen Ehepartner: Was habe ich für leibliche Bedürfnisse, deren Befriedigung ich mir von dem Zusammenleben mit einem Menschen anderen Geschlechts erhoffe? Damit ist nicht nur Zärtlichkeit und Sexualität gemeint, sondern alles, was sinnlich-materiell wahrnehmbar ist bis hin zu dem äußeren Lebensstandard, den man sich wünscht (Geld, Kapital, Haus im Grünen etc.). Auch die Arbeitsteilung in der Ehe gehört hierher (Haushalt, Ordnung, Garten, Heimwerken etc.). – Als Zweites sollen alle seelischen Wünsche aufgeschrieben werden, deren Erfüllung man durch das Zusammenleben erhofft. Vertrauen, Ehrlichkeit, Offenheit, Treue, der Wunsch nach bestimmten gemeinsamen Erlebnissen und Tätigkeiten (Natur, Kunst, Sport, Spiel etc.) gehören in diesen zweiten Bereich.

Es kommt darauf an, dass die Partner so umfassend und ehrlich wie möglich ihre eigenen Erwartungen in klare Worte fassen, auch sich selbst gegenüber – unabhängig von der Erfüllbarkeit durch den Ehepartner zur gegenwärtigen Zeit. Die schriftliche Form hat den Sinn, sich seiner eigenen Natur bewusster zu werden und sie in einer dem anderen Menschen verständlichen Sprache darzustellen. Das scheint leichter zu sein, als es ist. Eine wesentliche Hilfe ist es, wenn es den Beteiligten gelingt, ihre Wünsche, Bedürfnisse und Erwartungen in eine Reihen- oder Rangfolge zu bringen, in eine hierarchische Ordnung, so dass Werte und Normen sichtbar werden.

Die Darstellung kann dadurch ergänzt werden, dass die Partner auch aufschreiben, was sie in eine Lebensgemeinschaft einzubringen bereit sind, was sie dem anderen auf leiblich-sinnlichem und seelischem Gebiet geben und tun wollen.

Was die Partner aufgeschrieben haben, lesen sie sich beim nächsten Gespräch mit dem Berater vor. Da kann es dann zu Ergänzungen und Klärungen kommen. Manchmal muss die Aufgabe erneut ergriffen oder fortgesetzt werden. Wenn alles dargestellt ist, kommt die wichtige Frage: Gibt es irgendetwas in den Wünschen und Bedürfnissen des anderen, was eine dauernde Lebensgemeinschaft ausschließt? Sind die Erwartungen zu verschieden oder ist die ›Schnittmenge‹ der Bedürfnisse und Wünsche groß genug? In den meisten Fällen sind die Bedürfnisse gar nicht so verschieden, einfach weil sie tief in der leiblichen und seelischen Natur des Menschen verankert sind. Und da sind wir noch nicht so furchtbar individuell. Aber es kann auch deutlich werden, dass die Wünsche und Bedürfnisse so verschieden sind, dass ein eheliches Zusammenleben nicht möglich erscheint. Wenn es beide selber einsehen – umso besser. Dann kann man ihnen helfen, sich anständig zu trennen. Schwieriger wird es, wenn einer von beiden die Unmöglichkeit eines weiteren Zusammenlebens nicht einsehen kann oder will. Wenn aber hinter den verschiedenen Bedürfnissen und Wünschen letztlich eine unterschiedliche Weltanschauung oder Lebenshaltung steht, wenn z.B. der eine fast ausschließlich materiell-leibliche Bedürfnisbefriedigung sucht, der andere aber religiöse und spirituelle Bedürfnisse und Ziele hat, dann ist eine Ehe auf Dauer unmöglich. Manchmal muss man als Berater sogar dringend zur

Trennung raten, damit das Leid – auch der Kinder – nicht unnötig vergrößert und verlängert wird.

Wenn sich aber zeigt, dass die Schnittmenge der Bedürfnisse der beiden Partner groß genug erscheint, dann gibt es zwei Möglichkeiten: Entweder der gemeinsame Ehewille der beiden ist fraglos und ungebrochen, dann gilt es nur noch, ihnen bei der ›Technik‹ – d.h. bei der Kunst der Eheführung – zu helfen und ihnen Wege zu zeigen, wie sie ihre Ehe pflegen können. Oder aber der Ehewille ist bei einem oder beiden Partnern nicht eindeutig, dann ist noch eine weitere, tiefere Frage zu beantworten, nämlich diese: Wollen wir Ehe ausschließlich als Ort und Gelegenheit gegenseitiger Bedürfnisbefriedigung und Wuncherfüllung? Dies wäre nicht viel mehr als das, was Kant in seiner ›Metaphysik der Sitten‹ über das Eherecht geschrieben hat: »Die Ehe, d.i. die Verbindung zweier Personen verschiedenen Geschlechts zum lebenswierigen [lebenslänglichen] wechselseitigen Besitz ihrer Geschlechtseigenschaften.«

Gibt es überhaupt einen Sinn für die dauernde Lebensgemeinschaft über die Bedürfnisbefriedigung hinaus?

Man kann die Frage auch anders stellen: Was ist die Idee der lebenslangen Einehe? Was kann in dieser Lebensform entwickelt werden, das auf keine andere Weise geschaffen werden kann?

Die meisten Paare werden angesichts dieser Frage ziemlich ratlos, haben aber das Gefühl, dass sie wesentlich sein könnte. Besonders die Frauen haben oft das Gefühl: Es muss doch einen Sinn geben. Aber wie kann dieses Gefühl unterschieden werden von dem Bedürfnis nach Lebensgemeinschaft, die sich bis ins hohe Alter entwickelt?

Natürlich kann der Sinn der Ehe nicht so einfach gefunden oder bestimmt werden wie der Zweck irgendeines Kulturgegenstandes. Messer, Gabel und Löffel sind z.B. dazu da, das Nahrungsmittel damit zu zerkleinern und zum Munde zu führen. So hatte Ehe früher den Sinn, dass Nachkommen gezeugt wurden etc. Davon war im ersten Kapitel die Rede. All diese zweckhaften Sinngebungen für Ehe sind heute nicht mehr tragfähig, d.h. sie können heute nicht mehr der ›Grund‹, das tragende Fundament sein für die Kulturtat Ehe.

Wenn Menschen eine Waldorfschule gründen oder führen wollen, so wissen sie, dass sie eine Bildungseinrichtung nach den Ideen und Idealen der Anthroposophie wollen, nach deren Menschenbild und pädagogischen Idealen und Konzepten die Kinder erzogen werden sollen. Das beinhaltet vieles, was wir hier nicht im Einzelnen anzuführen brauchen. Wo aber Sinn und Ziel der Waldorfpädagogik nicht mehr aus bewusster Erkenntnis gewollt werden können, werden auch die Anstrengungen nachlassen, die zur Führung einer solchen Schule notwendig sind. – So ist es auch mit der Ehe: Warum diese verzweiflungsvollen Versuche fortsetzen, mit *einem* Partner auf Dauer zusammenzuleben, wenn ich doch das Bedürfnis nach lebenslanger Einehe nicht in mir vorfinde und die Befriedigung meiner Bedürfnisse auch auf andere Weise möglich erscheint?

Nun übersteigt es den Rahmen dieser Darstellung, die Elemente einer möglichen Ehe-Idee ausführlich zu entwickeln. Ich möchte nur die wesentlichsten kurz andeuten, ohne die heute und in Zukunft Ehe immer weniger möglich wird: Bei einem Haus kann man von fünf wesentlichen Elementen sprechen, die notwendig sind, damit wir es ein Haus nennen können: Boden (damit Nässe und Kälte oder andere Einflüsse der Natur nicht hereinkommen), Wände und Dach (aus demselben Grund) sowie Fenster und Türen. Es kann noch vieles mehr hinzukommen (z.B. Feuer, Herd, Heizung, Wasser, Abwasser, Beleuchtung etc.). Aber diese Grundelemente machen ein Haus schon zu einem Haus.

So kann Ehe auf Dauer nur bestehen, wenn sie angestrebt wird aus folgenden sinngebenden Zielen:
1. die Kunst des Liebens lernen wollen in ihrer umfassendsten möglichen Form;[5]
2. sich in der Ehe durch Anregung und Hilfe des Partners zum ›ganzen‹ Menschen hin entwickeln wollen (über die gegebenen Einseitigkeiten des eigenen Geschlechts hinaus);
3. das Unverwandelbare des anderen tragen wollen (›Einer trage des anderen Last‹);
4. das Gattungsschicksal des Partners so weit wie möglich mittragen wollen;
5. die Vermenschlichung der Sexualität anstreben wollen.

Es leuchtet wohl unmittelbar ein, dass diese Willensziele nicht aus den natürlichen Bedürfnissen und Wünschen entspringen. Wir müssen umfängliche Gedankenarbeit leisten (was wir hier unterlassen haben), um sie einleuchtend zu finden. Wir müssen durch Erkenntnis unseres Menschseins dahin kommen, solche Ziele für unser Handeln als erstrebenswert zu empfinden. Und nur, wenn wir dazu kommen, solche Ideen zu lieben, wie es Rudolf Steiner in seiner ›Philosophie der Freiheit‹ genannt hat, können sie Antrieb und Ziel unseres kulturellen Handelns werden.

Dass solche ideellen, sinngebenden Ziele geistiger und nicht seelischer Natur sind, können wir daran erkennen, dass sie nicht unmittelbar gegeben sind. Bedürfnisse und Wünsche treten ohne Zutun in mir auf. Ich muss sie nur zulassen und wahrnehmen. Sie wirken sogar, wenn ich mir ihrer nicht bewusst bin. Sie gehören zu meiner Natur. Geistige, sinngebende Ziele sind mir nicht einfach gegeben. Ich muss sie mir gedanklich durch Erkenntnisbemühungen erarbeiten. Sie zwingen mich auch nicht so wie Wünsche und Bedürfnisse, die nach Erfüllung und Befriedigung drängen. Vielmehr ziehen sie sich immer wieder aus meinem Bewusstsein zurück. Ich muss sie immer wieder neu schaffen, ergreifen, um sie nicht zu verlieren. Und ich muss Arbeit darauf verwenden, sie durch mein Handeln in konkrete Wirklichkeit umzusetzen. Deswegen bin ich ihnen gegenüber frei.

Wenn wir auf diese Weise die Idee der Ehe in uns denkend erschaffen, so kann sie uns als durchaus human erscheinen. Es kann uns einleuchten, dass Ehe als Lebensgemeinschaft in diesem Sinne ein lohnendes Ziel sein kann.

Aber will ich diese Idee zu *meinem* Ideal, d.h. zur Richtschnur meines Lebens und Handelns machen? Das kann nur meine eigene freie Tat sein. Nichts und niemand kann mich dazu nötigen oder gar zwingen. Nur meine eigene Liebe zu dieser Idee kann mich dazu bewegen.

So kann Ehe anfänglich über das Streben nach Befriedigung von Bedürfnissen hinaus zur freien Tat werden.

So kann Ehe ganz aus der Zukunft heraus eine neue Begründung finden. Alle Verliebtheit, ja alles Gefühl der schicksalsmäßigen Zusammengehörigkeit stammt aus der Vergangenheit und wird immer weniger tragfähiger Grund für Ehe sein können.

Hat man mit den Partnern eine solche Perspektive für die Ehe erarbeitet, so stellt sich für jeden einzelnen die Frage: Will ich die Ehe in diesem Sinne? Wenn ja: Wollen wir beide miteinander Ehe in diesem Sinne? Es kann sein, dass die erste Frage von beiden bejaht werden kann, aber die zweite nicht. Z.B. kann die Beziehung eines Partners zu einem Dritten schon so stark sein, dass eine Neugründung von Ehe mit dem bisherigen Partner nicht mehr möglich erscheint, obwohl das geistige Ziel das gleiche ist. Es kann aber auch sein, dass angesichts der Vergangenheit, des gemeinsamen Schicksals und Leidens eine Neubegründung der Ehe als Fortsetzung des gemeinsamen Schicksals gewollt wird.

Dann stellt sich die Frage nach dem ›Wie‹ der Eheführung auf einer neuen Grundlage. Davon soll im abschließenden Kapitel die Rede sein.

Eheführung und Ehepflege

Wenn die Eheberatung bis zu dem Punkt gekommen ist, dass beide Partner im Sinne der skizzierten Ehe-Idee miteinander leben wollen, so erhebt sich die Frage: Wie machen wir es denn, diesen Zielen näher zu kommen? Wie können die Schritte von der ›moralischen Intuition‹ über die ›moralische Phantasie‹ zur ›moralischen Technik‹[6] konkret aussehen?

Zunächst ist es wichtig, sich über den Charakter solcher Ideale und Ziele, wie sie im vorigen Kapitel als Elemente einer Ehe-Idee genannt worden sind, klar zu werden: Diese Ziele sind – wie das Ziel, ein Mensch, ein Christ werden zu wollen – nicht solche, die man in einer messbaren Lebenszeit erreichen kann. Sie haben eher die Eigenart, dass man, je mehr man sie verfolgt und sich ihnen nähert, desto mehr bemerkt, wie weit man noch vom Ziel entfernt ist. Sie sind deshalb aber nicht einfach sinnlos, weil man sie mit Sicherheit nicht erreicht. Sie sind eben nicht erreichbar, weil sie geistigen Charakter haben und nicht den eines irdischen Ortes, den man sich als Reiseziel aussuchen und auch definitiv erreichen kann.

Ein Bild kann das vielleicht verdeutlichen: Die alten Seefahrer sind *nach* den Sternen gefahren und nicht *zu* den Sternen, d.h. sie haben etwas Außerirdisches ins Auge gefaßt, um auf Erden ihre Wege zu finden. Ähnlich ist es mit den großen Idealen der Menschheit: dem Streben nach Wahrheit, nach Liebe und Frieden. Wenn man meint, diese Ideale in überschaubarer Zeit vollständig verwirklichen zu müssen, so wird man leicht zum Fundamentalisten und Fanatiker. Wenn man meint, solche Ideale entbehren zu können, so wird man leicht ein opportunistischer Pragmatiker oder ein unerträglicher Egoist.

Wenn man aber fühlt, dass man ohne solche Ideale sein Menschsein verfehlen würde, andererseits ihre volle Verwirklichung nicht in einem Leben erhoffen kann, so stellt sich die Frage nach konkreten Teil-Zielen, nach erreichbaren Wegmarken und Teilschritten auf das große Ziel des Ideales zu.

Das soll an folgendem Beispiel deutlich werden:

Ein Element der Ehe-Idee war das hohe Ziel, die Kunst des Liebens in ihrer umfassendsten denkbaren Form lernen zu wollen. Es ist das Verdienst von Erich Fromm, in seiner ›Kunst des Liebens‹ dargestellt zu haben, was dazu nötig ist. Er nennt vier Aspekte: Wissen, Verantwortung, Respekt und Fürsorge. Nehmen wir den ersten Aspekt: Um das Lieben konkret zu lernen, muss ich um den zu Liebenden wissen. Und zwar nicht in Form von fertig abgespeicherter Kenntnis seiner Eigenschaften, seines Charakters, seiner Fehler und Schwächen etc., sondern so, dass ich fortwährend die Äußerungen seines Wesens, seiner Seele, seine Gedanken und Gefühle, seine Erlebnisse, Hoffnungen und Ängste mit Interesse in mich aufnehme und nachzuvollziehen suche. Ein immer erneutes Lauschen auf Seele und Wesen des anderen ist nötig, damit Liebe entstehen kann.

Von daher ist es nicht weit zu dem konkreten und erreichbaren Etappenziel des ›Seelengespräches‹, wie es im dritten Kapitel beschrieben worden ist. So gehört der tägliche intensive Austausch, das Lauschen auf die Seele des anderen, das Aussprechen der eigenen Seeleninhalte zur ›moralischen Technik‹ der Eheführung und -pflege, weil es notwendig ist, um vom anderen zu ›wissen‹; und dieses ›Wissen‹ vom anderen ist wiederum notwendig auf dem Weg zur ›Kunst des Liebens‹ (Erich Fromm) als Ideal und Ziel.

In ähnlicher Weise können auch die anderen Aspekte bei Fromm – Verantwortung, Respekt und Fürsorge – konkretisiert werden. Das kann man bei Fromm selbst nachlesen und auch seine eigene Phantasie walten lassen, wie diese Aspekte im Alltag gelebt werden können.

Auch bei den anderen im letzten Kapitel genannten Elementen einer Ehe-Idee kann man die Umsetzung von der moralischen Intuition zur moralischen Technik im Einzelnen zeigen. Das würde hier aber zu weit führen. Stattdessen soll am Schluss dieser Darstellung darauf hingewiesen werden, wie Ehe in allen Bereichen gepflegt werden kann im Einklang mit den genannten Zielen:

Da die Ehe die umfassendste denkbare Gemeinschaft zweier Menschen ist, schließt sie alle Wesensglieder ein, obwohl ihr Zentrum die Lebens-Gemeinschaft, also auch die Ätherleibsgemeinschaft[7] ist.

Diese ist aber nur auf Dauer möglich und erträglich, wenn Ehe auch Freundschaft, das heißt Seelen- und Geistgemeinschaft ist.

Geistgemeinschaft kann in der Ehe gepflegt werden durch gemeinsame Bemühung um geistige Ideale, um Erkenntnis- und Wahrheitsfragen; durch gemeinsame Lektüre zu Fragen des Menschseins, des Schicksals und des Todes; durch gemeinsame Bemühungen um Werte und Normen, um Weltanschauung und Religion, um Erziehungs- und Sinnfragen, besonders um die Frage nach dem Sinn der Ehe. Gerade wenn es in einer Ehe schwierig wird, sollte man diesem Bereich der Ehepflege ein bis eineinhalb Stunden pro Woche – wohl meistens einen Abend – widmen, allerdings nicht nach 22 Uhr!

Die Seelengemeinschaft muss täglich durch das schon mehrfach erwähnte ›Seelengespräch‹ gepflegt werden. Darüber hinaus sind gemeinsame seelische Erlebnisse auf vielen Gebieten förderlich bis notwendig, und zwar nicht nur in Gemeinsamkeit mit den Kindern in der Familie, sondern auch zu zweit. Dazu gehören Erlebnisse in der Kunst (Musik, Literatur, Theater etc.) und in der Natur sowie Sport und Spiel. Dabei kommt es darauf an, die Erlebnisse freudig gemeinsam zu suchen und zu genießen. Nicht alles muss man miteinander tun und erleben, aber doch mehr, als man alleine in seiner Freizeit tut. Dann kann das, was jeder einzeln tut und erlebt, Inhalt des Seelengespräches werden und so die Beziehung bereichern.

Zur Pflege der Leibesgemeinschaft gehört alles,

was zur Annäherung an das Ziel ›Vermenschlichung der Sexualität‹ führen kann. Ohne umfassende, ganzheitliche Partnerschaft wird Sexualität unmenschlich, weil der andere als Sache, als Objekt gesehen und behandelt wird. Besonders die Sexualität des Mannes hat die Tendenz zur ›Versachlichung‹. Das kann man besonders an extremen Erscheinungen wie Fetischismus und Nekrophilie, die ausschließlich bei Männern vorkommen, ablesen. Aber auch bei häufigeren Erscheinungen wie Kindesmissbrauch, Vergewaltigung und Prostitution liegt diese Tendenz in der männlichen Sexualität vor.

Wenn sich in der Ehe diese Tendenz nicht zerstörerisch auf die Partnerschaft auswirken soll, sind Bemühungen und Lernschritte auf diesem Gebiet notwendig: Sexualität ohne seelische Harmonie sollte vermieden werden. Sie ist unmenschlich und besonders der Frau nicht zumutbar und unerträglich, wenn jede körperliche Zärtlichkeit nur der Anfang von Sexualität ist. Deshalb muss sexualfreie Zärtlichkeit genügend stark gepflegt werden. Man kann auch sagen, dass in Bezug auf die Qualität der Mann der Frau entgegenkommen sollte, in Bezug auf die Quantität die Frau dem Manne. Wenn jeder bei seiner Natur bleibt, dann kann das nur zur Entfremdung führen. Je mehr es gelingt, den Charakter der Zärtlichkeit in der Sexualität aufrechtzuerhalten, je mehr Sexualität zum Lebensvorgang wird und je weniger sie ein begierdevoller Leibes- und Seelenvorgang bleibt, desto mehr verliert sie ihre trennende bis unmenschliche Seite.

Das Zentrum der Ehe, die Lebens- und Ätherleibsgemeinschaft, muss besonders gepflegt werden, weil dieser Bereich der Lebenskräfte, der Gewohnheiten, des Temperamentes uns weitgehend unbewusst bleibt und doch sehr wirksam ist. Es ist auch der Bereich, wo unsere ›Kehrseite‹, unser ›Schatten‹ (wie C.G. Jung es nennt) und auch unser ›Doppelgänger‹, also das Unvollkommene, Noch-nicht-Menschliche in uns Realität ist. Aus ihm kommt die explosive Kraft der Aggression und Zerstörung, die bei ehelichen Streitigkeiten aus winzigen und banalen Anlässen große Konflikte und starke Verletzungen bis hin zu Gewalttätigkeiten werden lässt. In harmloser Form ist es der Ärger über die immer wiederkehrenden, unveränderbaren Angewohnheiten des Partners, der aus diesem Bereich genährt wird.

Da der Ätherleib sowohl eine leibzugewandte Seite hat, durch die er der Träger der Lebens-, Wachstums- und Fortpflanzungsprozesse ist, als auch eine seelenzugewandte Seite, die ihn zum Träger von bleibenden Neigungen, Gewohnheiten, Temperament und Gedächtnis macht, kann die Lebensgemeinschaft der Ehe auch von zwei Seiten her gepflegt werden, vom Leiblichen und vom Seelischen her. Dabei sind die wesentlichen Elemente Rhythmus und Wiederholung, weil alle Lebensprozesse mit diesen Elementen erscheinen.

Für die Ätherleibsgemeinschaft in der Ehe bedeutet dies: Je mehr ein gesunder Rhythmus in den gemeinsamen Lebensprozessen von Essen und Schlafen möglich ist, desto besser. Also: gemeinsame

Mahlzeiten möglichst zu gleichen Zeiten und gemeinsames Wechseln vom Wachen zum Schlafen und vom Schlafen zum Wachen. – Auch die Pflege längerer Rhythmen wie Werktag – Feiertag, Festeszeiten, Gedenktage, Jahreslauf gehört hierher.

Da der Ätherleib auch der ›Zeitleib‹ ist, gehört ein bewusster Umgang mit der Zeit auch zur Ehepflege. Unrhythmische Berufszeiten zum Beispiel sind eine Belastung für die Ehe, die durch besondere Aktivitäten und verstärktes Bewusstsein ausgeglichen werden müssen. Unpünktlichkeit widerspricht der Partnerschaftlichkeit, weil sie die Würde des Mitmenschen, zu der seine kostbare, unvermehrbare Lebenszeit gehört, missachtet.

Die Ätherleibsgemeinschaft kann aber auch von der seelisch-geistigen Seite her gepflegt werden. Das ist umso notwendiger, als den aus dem Unbewussten aufsteigenden Kräften des ›Schattens‹, des ›Doppelgängers‹, etwas entgegengesetzt werden muss, weil sonst diese Kräfte (im Oberuferer Paradeisspiel der ›Eh'teufel‹ genannt) die Partner auf Dauer auseinandertreiben. Rudolf Steiner hat in seinen grundlegenden Schriften ›Die Erziehung des Kindes vom Gesichtspunkt der Geisteswissenschaft‹ und ›Geheimwissenschaft‹ charakterisiert, welche Kräfte am stärksten verwandelnd, vergeistigend – wir können auch sagen vermenschlichend – auf den Ätherleib wirken. Es sind die Kräfte, die durch eine regelmäßig gepflegte Religion hervorgerufen werden. Für die Ehe kann das bedeuten: gemeinsam gepflegtes Gebet bei den Ur-Lebensvorgängen von Essen und Schlafen, d.h. bei den Mahlzeiten, vor dem Einschlafen und nach dem Aufwachen. Hier hat auch das Sakrament der Trauung einen wesentlichen Sinn als Ausgangspunkt eines gemeinsamen Lebens mit dem Altarsakrament von Brot und Wein.

Ich bin davon überzeugt, dass ohne die gemeinsame Pflege des religiösen Lebens Ehe in der Zukunft immer weniger gelingen kann, weil ohne dieses die Kräfte aus dem Unbewussten, die dem Menschlichen, dem Sozialen, dem Brüderlichen entgegenwirken, die Oberhand gewinnen. Das kann man heute schon bemerken. Nur göttliche Kräfte können ein Gegengewicht bilden und menschliche Lebensgemeinschaft möglich und gedeihlich machen.

Manchem mag das hier Dargestellte zu grobklotzig erscheinen, zu sehr nach Rezept oder zu apodiktisch klingen. Er mag das Spontane, Spielerische, das Künstlerische und Individuelle vermissen. In der Tat ist bisher nur von der ›handwerklichen‹ Seite der Ehe gesprochen worden. Das ist auch so beabsichtigt, denn es kommt zunächst darauf an zu lernen, dass Ehe Arbeit bedeutet und wie man diese Arbeit konkret anfangen und üben kann. Und erst wenn das Handwerk erlernt ist, kann die Kunst sich entfalten. Das ist bei allen Künsten so, auch bei der Kunst der Eheführung. Da kann dann die Lebensgemeinschaft sehr individuell und künstlerisch gepflegt werden. Wer aber das Handwerk der Eheführung beherrscht, der braucht auch keine Eheberatung mehr, von der in dieser Darstellung die Rede war.

Wer jedoch bemerkt, dass in seiner Ehe Defizite,

wiederkehrende Missverständisse, unlösbare Probleme, dauernde Enttäuschungen und Verletzungen auftauchen, der sollte sich ermutigt fühlen, eine Eheberatung aufzusuchen, um zusammen mit einem unbefangenen Dritten diese Bewusstseinsanstöße zur Entfaltung seiner Ehe- und Partnerfähigkeit zu benutzen. Denn es steht viel Schicksalskapazität auf dem Spiel, die bewahrt und fruchtbar gemacht werden kann, je früher eine Beratung aufgesucht wird.

Anmerkungen

1 Siehe Deborah Tannen, *Du kannst mich einfach nicht verstehen*, München ²1993
2 Siehe Erich Fromm, *Die Kunst des Liebens*, Kapitel: Liebe als Antwort auf das Problem der menschlichen Existenz
3 Siehe Deborah Tannen, Anmerkung 1
4 Die Begriffe stammen von Bernard Lievegoed.
5 Siehe Erich Fromm, *Die Kunst des Liebens*
6 Die Begriffe stammen aus der *Philosophie der Freiheit* von Rudolf Steiner.
7 Siehe auch S. 48f.

Mathias Wais

Biographiearbeit und Lebensberatung

Krisen und Entwicklungschancen des Erwachsenen
390 Seiten, gb.

Dieser umfassende Ratgeber ist eine Hilfe für den schöpferischen Umgang mit Lebensfragen, von Alltagsproblemen bis zu schweren Schicksalsschlägen. Ein auf anthroposophischer Grundlage arbeitender Biographie-Berater macht in diesem Buch den reichen Erfahrungsschatz seiner langjährigen Beratungspraxis fruchtbar.

»Das Buch zeichnet sich durch eine große Lebensnähe aus, es ist knapp gehalten und verständlich in einer wohltuend schlichten Ausdrucksweise geschrieben. Sein größter Vorzug besteht aber darin, dass es durchgehend in allen Teilen den Blick auf den werdenden, zukünftigen Menschen richtet.«

STIL

VERLAG URACHHAUS

Hellmuth J. ten Siethoff

Mehr Erfolg durch soziales Handeln

Gesprächsführung, Konfliktlösung, Gemeinschaftsbildung in Alltag und Beruf

Hrsg. von Manfred Christ
212 Seiten, kt.

Die meisten Probleme unserer Zeit haben ihre Ursache im zwischenmenschlichen Bereich. Ein bewusstes Sozialverhalten ist daher nicht nur Voraussetzung für ein harmonisches Miteinander, sondern meist auch der Schlüssel zum beruflichen und privaten Erfolg. Zahlreiche Lösungsstrategien zeigen, wie wir schwierigen Situationen im Alltag wie auch im Berufsleben begegnen können.

»Eine Pflichtlektüre für alle, die die Mitmenschen genauso für wichtig halten wie sich selbst«
INFO 3

VERLAG URACHHAUS

Markus Treichler

Sprechstunde Psychotherapie

*Krisen – Krankheiten an Leib und Seele –
Wege zur Bewältigung*

496 Seiten, gb.

Die erste umfassende Zusammenschau von Psychosomatik und Psychotherapie mit den anthroposophischen Erkenntnissen vom Menschen und seiner Biographie.

Peter Lüdemann-Ravit

Konfliktsprechstunde

Konfliktbewältigung – Gerechtigkeit – Recht

270 Seiten, gb.

Lieben Sie die »fruchtbare Auseinandersetzung«, wissen aber nicht, wie sie funktioniert?
Hier ist er: der Leitfaden zu einer modernen Streitkultur, aus der Praxis eines erfahrenen Familienrichters. Mit vielen Beispielen aus der aktuellen Rechtsprechung.

VERLAG URACHHAUS